GELDMAGNET GESETZ DER ANZIEHUNG

GELDMAGNET

GESETZ DER ANZIEHUNG

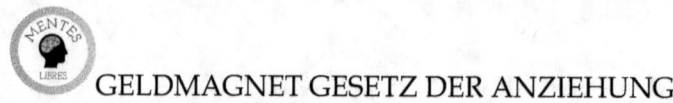

GELDMAGNET GESETZ DER ANZIEHUNG

Inhalt

Wir beginnen...

Das Gesetz der Anziehung - Was es wirklich ist und was nicht

Objektives und subjektives Denken

Stoppen Sie die Standardprozesse, die Ihr Leben bestimmen

Ändere deinen Denkprozess

Der richtige Verstand über Geld

Die Manifestation des Reichtums durch das Gesetz der Anziehung

Ist ein armer Mann, der positiv über Geld denkt, reich?

Was ist mit Lotterien und Glücksfällen?

Gleichgewicht zwischen dem internen "Ich" und dem externen "Ich"

Warum wird nicht jeder, der das Gesetz der Anziehung anwendet, reich?

Fazit

Wir beginnen...

Mit dem Buch "The Secret", gefolgt von der außerordentlichen Resonanz, die es erhalten hat, sprechen viele Menschen über das Gesetz der Anziehung. Das Problem ist, dass nicht einmal die Hälfte dieser Leute weiß, wovon sie reden.

Das Gesetz der Anziehung ist keine Beschwörungsformel oder ein Trank, der all Ihre Probleme wegwünscht. Es gibt Dinge, die Sie tun müssen, wenn Sie seinen Reichtum in Ihrem Leben erfahren wollen.

Dieses Buch befasst sich speziell mit der Umsetzung des Gesetzes der Anziehung bei der Geldbeschaffung, aber in Wirklichkeit geht es um all seine verschiedenen

Anwendungen, die zur Verbesserung Ihres Lebens beitragen können.

Befreien Sie Ihren Geist von all diesem Durcheinander, und lesen Sie gut.

Das Gesetz der Anziehung - Was es wirklich ist und was nicht

Beginnen wir damit, zu verstehen, worum es beim Gesetz der Anziehung wirklich geht:

Es ist eine erstaunliche Sache zu sehen, wie viel über das Gesetz der Anziehung gesprochen wird und wie wenige Menschen wirklich wissen, was es ist. Das Gesetz der Anziehung ist kein Zauberspruch, der verwendet wird, und die Dinge beginnen so zu geschehen. Es ist nicht so, dass man tausendmal am Tag etwas sagt und sieht, dass die Dinge so geschehen, wie man es will. Wenn das Gesetz der Anziehung so einfach wäre, hätten wir die Welt schon längst als einen viel besseren Ort gesehen.

Die Menschen erklären das Gesetz der Anziehung auf verschiedene Weise. Die gebräuchlichste Definition, die Sie finden werden, ist so etwas wie diese:

"Wenn Sie fest daran glauben, dass etwas geschehen sollte, dann wird es sicher geschehen".

Ein Satz könnte nicht einfacher sein, aber Sie werden sofort erkennen, dass dies mehr Fragen aufwirft als es beantwortet. Die Frage der Wünsche ist die wichtigste: Ist es nur das, was wir wünschen, und denken wir stark darüber nach, was passieren wird?

Oder werden auch Dinge passieren, die wir nicht wollen, wenn wir irgendwie stark darüber nachdenken? Dann ist da noch die Frage nach dem inneren Konflikt der Gedanken. Manchmal kann es Situationen geben, in denen wir in beiden Richtungen gleich denken. Zum Beispiel können wir denken, dass eine Stelle unsere sein kann oder nicht. Wie wenden wir also in einem solchen Fall das Gesetz der Anziehung an? Oder was tun wir, wenn wir stark an etwas denken und jemand anderes stark an das Gegenteil denkt? Was wird in diesem Fall geschehen?

Um all diese Fragen beantworten zu können, ist es wichtig, zunächst zu verstehen, was das Gesetz der Anziehung wirklich sagt.

Trotz der unterschiedlichen Art und Weise, in der das Gesetz der Anziehung definiert wurde, können wir die Dinge in die folgenden vier Elemente unterteilen:

- Wir müssen genau wissen, was wir wollen.

- Dazu müssen wir einen Denkprozess in Gang setzen und anfangen, das

Universum anzuschreien, damit dies geschehen kann.

- Dann müssen wir uns eine Situation vorstellen, in der wir bereits haben, was wir wollen, und wir müssen in dieser Realität leben.

- Gleichzeitig dürfen wir uns nicht mit dem beschäftigen, was passieren könnte. Wir dürfen nur daran denken, sie zu haben. Es gibt keinen Platz zum Festhalten.

Lassen Sie uns einige Aspekte des Gesetzes der Anziehung aufdecken und sehen, wie wir es in einem der wichtigsten Bereiche unseres Lebens anwenden können.

Geld anziehen: Kann man wirklich reich werden, wenn man nur daran denkt?

 GELDMAGNET GESETZ DER ANZIEHUNG

Wir müssen das Gesetz besser verstehen und lernen, es anzuwenden, um diese Antworten zu erhalten.

Objektives und subjektives Denken

Da das Gesetz der Anziehung so stark auf dem Denkprozess basiert, müssen wir zunächst lernen, was unsere Denkprozesse wirklich sind.

Einer der wichtigsten Schritte, um das Gesetz der Anziehung besser zu verstehen, besteht darin, zu verstehen, was das Wort "Gedanke" wirklich bedeutet. In der gesamten Beschreibung dieses Gesetzes werden Sie feststellen, dass es sich nicht auf das Denken bezieht, wie wir es tun. Wir denken, dass wir existieren, dass wir uns in einer bestimmten Situation befinden, dass es bestimmte Menschen um uns herum gibt, dass es Dinge gibt, mit denen wir zusammen sind und so weiter.

Alles, was wir sehen, wird für uns real, und das wird Teil unseres Denkens.

Dies ist jedoch nicht die Art von Denkprozess, von dem das Gesetz der Anziehung spricht. Dies wird als objektives Denken bezeichnet.

Aber um die Umsetzung des Gesetzes der Anziehung in unserem Leben zu sehen, müssen wir zuerst das Konzept des objektiven Denkens vermeiden. Wir müssen uns eine höhere Ebene des Denkens zu eigen machen, nämlich das subjektive Denken.

Warum glauben wir, dass unser Ehepartner real ist? Weil wir es sehen können. Aber das ist objektives Denken.

Beim subjektiven Denken wird es genau umgekehrt sein. Wir glauben, dass unser

Ehepartner real ist, und deshalb können wir es sehen. Nun, das ist subjektives Denken.

Ihre Arbeit ist nicht real. Aber weil Sie so konkret daran glauben, dass sie real ist, wird sie für Sie Wirklichkeit.

Ihre Situationen sind nicht real. Aber Ihre feste Überzeugung, dass sie geschehen, macht sie für Sie real.

Dies ist der Bereich des subjektiven Denkens. Wenn man subjektiv denkt, ist es mehr oder weniger so, als würde man einen Traum sehen. Wenn wir einen Traum sehen, wie stellen wir uns dann vor, dass unser "Traum"-Selbst unser wahres Ich ist? Nein, wir sind diejenigen, die den Traum "sehen". Wir sind nur der Bezugsrahmen, das Bewusstsein.

Was auch immer in unserem Traum geschieht, ist unsere Perspektive. So funktioniert das Denken in der subjektiven Welt.

In dieser Welt ist das, was wir sehen, in Wirklichkeit nur eine Manifestation unserer Gedanken. Das heißt aber nicht, dass diese Dinge nicht real sind. Das bedeutet, dass diese Dinge in unserem Bewusstsein präsent sind. So wie wir vielleicht in der Lage sind, die Dinge in unseren Träumen zu verändern, indem wir das Gesetz der Anziehung anwenden, können wir vielleicht auch Dinge in unserem "wirklichen" Leben verändern.

Stoppen Sie die Standardprozesse, die Ihr Leben bestimmen

Wir messen den Dingen, die in unserem Leben irrelevant sind, so viel Bedeutung bei, dass sie beginnen, unsere Existenz zu bestimmen. Aber es gibt Möglichkeiten, sie davon abzuhalten, mit uns zu spielen.

In hohem Maße lassen wir zu, dass Dinge und Situationen uns beherrschen. Wie oft im Leben sagen wir: "Diese Situation ist mir unbegreiflich! Ich kann nichts dagegen tun"?

Das tun wir oft. Jedes Mal, wenn wir das tun, geben wir die Kontrolle über unser Leben an die Situationen ab, die uns beherrschen. Wir denken kein bisschen darüber nach, wie das Gesetz der Anziehung uns das vorschlägt.

Und was ist das für ein Weg?

Einfach ausgedrückt bedeutet das, so zu denken, als ob wir die Kontrolle über die Umstände hätten. Tatsache ist, dass diese Umstände in unseren Händen liegen. Es liegt an uns, Situationen zu schaffen, die unserer Entwicklung förderlich sind, und nicht umgekehrt.

Denken Sie darüber nach: Gibt es ein finanzielles Problem, das Ihnen in die Quere kommt? Wahrscheinlich haben Sie eine Anstrengung geplant, können es aber wegen Geldmangels nicht tun. Was tun Sie also? Die meisten Menschen werden denken, dass dies zu nichts führt, und sie werden sich selbst retten.

Aber eine Person, die wirklich subjektiv glaubt, wird verstehen, dass das Finanzproblem im Bezugsrahmen liegt, und sich nicht allzu viele Gedanken darüber machen. Auf der anderen Seite wird eine solche Person versuchen zu glauben, dass sie die Situation günstig gestalten könnte.

Klingt das unpraktisch? Eigentlich ist es gar nicht so unpraktisch. Wenn Sie ernsthaft darüber nachdenken, Geld zu haben, was werden Sie dann tun? Das Gesetz der Anziehung sagt Ihnen, dass Sie es "visualisieren" und sich so verhalten sollen, als ob Sie das Geld hätten. In diesem Fall werden Sie wahrscheinlich einen Kredit beantragen, und wenn Sie das tun, werden Sie sehr zuversichtlich sein, weil Sie glauben, dass das Geld Ihnen gehören wird. Ihr Vertrauen wird sich zu Ihren Gunsten auswirken, weil Ihre potenziellen Geldgeber den Eindruck haben werden, dass Sie in der Lage sind, sie zu verdienen und zurückzuzahlen. Sie verstehen, dass Sie eine verdienstvolle Person sind.

Das ist es, was die Gläubigen des Gesetzes der Anziehung tun. Sie tun Dinge, die ihnen durch einen intensiven Denkprozess zuträglich sind. Aber ihr Denkprozess ist nicht von dieser objektiven Welt. Sie glauben, dass sie das Zentrum all dessen sind, was geschieht, und dass sie die Situationen, mit denen sie konfrontiert sind, völlig unter Kontrolle haben können.

Ändere deinen Denkprozess

Wie entwickeln Sie also diese Art von Denkprozess, bei dem Sie glauben, dass Sie das Zentrum des Universums sind und dass alles in Ihrem Bezugssystem existiert?

Um den subjektiven Denkprozess zu schaffen, den das Gesetz der Anziehung von Ihnen verlangt, ist es sehr wichtig, dass Sie den richtigen Bezugsrahmen schaffen.

Man muss wie der Mensch sein, der im Traum alles sieht. Ihre wahrgenommene Realität sind tatsächlich die Dinge, die in Ihrem Bezugsrahmen geschehen, was nur ein anderer Name für Ihr Bewusstsein ist. Aber Sie müssen den Finger auf dieses

Bewusstsein legen. Sie müssen es verankern. Dieser Aspekt - die Verankerung Ihres Bewusstseins - ist als Dreh- und Angelpunkt Ihres Denkprozesses bekannt.

Wenn Sie beginnen, Ihren Denkprozess umzudrehen, ist die wichtigste Voraussetzung, einen festen Punkt zu haben, von dem aus Sie beginnen können. Normalerweise ist dieser Fixpunkt Ihr Vorsatz, Ihre Absicht, Ihr Motiv, Ihr Zweck.

Wenn Sie z.B. wirklich ein Unternehmen gründen müssen, ist Ihr Vorsatz, dies zu tun, Ihr Schwerpunkt. Je stärker Sie bereit sind, dies zu erreichen, desto tiefer wird Ihre Unterstützung sein.

Deshalb sind Menschen mit stärkeren Vorsätzen in der Lage, Besseres zu erreichen als Menschen, die keine sehr starke Mentalität haben, etwas zu erreichen.

Wenn Sie Ihren Wunsch als Ihre Achse betrachten und alles aus dieser Perspektive sehen, beginnt sich alles zusammenzufügen. Sie haben das Gefühl, dass alles, was geschieht, als ein Weg geschieht, um Ihrem Wunsch näher zu kommen.

Wenn im obigen Fall Ihr Wunsch, ein Unternehmen zu gründen, im Mittelpunkt steht, dann haben Sie das Gefühl, dass alles, was in Ihrem Leben geschieht, Sie der Verwirklichung Ihrer Träume einen Schritt näher bringt.

Dies umfasst sowohl die positiven als auch die negativen Aspekte. Wenn Sie plötzlich jemanden treffen, haben Sie das Gefühl, dass das irgendwie mit Ihrem neuen Geschäft zu tun haben wird, das noch nicht begonnen hat, aber Sie haben keine Befürchtungen deswegen.

Sie haben auch das Gefühl, dass die Tatsache, dass Sie von Ihrem Schreibtischjob gefeuert wurden, etwas ist, das Sie Ihrem eigenen Unternehmen näher bringt.

Menschen, die an das Gesetz der Anziehung glauben, bauen solche Achsen bedingungslos in ihren Köpfen auf. Dann ist ihr ganzes Leben auf diese Achse ausgerichtet. Das ist es, was sie antreibt und sie motiviert, ihren Zielen näher zu kommen.

Der richtige Verstand über Geld

Wir wenden das Gesetz der Anziehung auf Reichtum an. Was hier wichtig ist, ist die Denkweise, die wir brauchen, um diesen Antrag zu stellen.

Was sagt uns das Gesetz der Anziehung über Geld?

Es ist eigentlich sehr wichtig, darauf hinzuweisen, dass es beim Gesetz der Anziehung nicht nur um Geld geht. Es ist ein sehr allgemeines Gesetz, das sich auf alle Aspekte unseres Lebens anwenden lässt. Es ist ein Gesetz, das uns hilft, als Einzelpersonen und nicht nur als Finanzinstitutionen reich zu werden. Wir versuchen jedoch zu sehen, wie wir das Gesetz der Anziehung anwenden können, wenn es darum geht, Geld anzuziehen.

Deshalb ist es wichtig zu wissen, welche Art von Mentalität man haben sollte.

Wenn wir versuchen, das Gesetz der Anziehung auf dieses Konzept anzuwenden, müssen wir erkennen, dass eine Person, die wirklich versucht, Geld anzuziehen, die ganze Zeit darüber nachdenken muss.

Da Gedanken Ergebnisse anziehen, muss dies geschehen.

Allerdings sollten die Gedanken nicht objektiv sein. Was sind objektive Gedanken? Wenn Sie jetzt nur daran denken, wie viel Geld Sie mit einem bestimmten Projekt verdienen werden, dann ist das objektives Denken. Wenn man nicht über die Zahlen hinaus denken kann, denkt man nur objektiv.

GELDMAGNET GESETZ DER ANZIEHUNG

Sie denken darüber nach, wie viel Sie verdienen könnten, wie viel Sie sparen könnten usw. Dies sind objektive Gedanken, und wenn Sie das Gesetz der Anziehung anwenden würden, würden Sie verstehen, dass diese Gedanken kein Geld für Sie anziehen werden.

Deshalb müssen Sie subjektiv denken. Denken Sie nicht an das Geld an sich, sondern überlegen Sie, was Sie tun müssen, um das Geld zu Ihnen zu bringen. Ein guter Schritt in diese Richtung ist es beispielsweise, über die Qualität Ihres Produkts nachzudenken.

Wenn Sie das tun, verbessern Sie tatsächlich das Verkaufspotenzial Ihres Produkts und bringen damit Geld ein.

Eine Person, die an das Gesetz der Anziehung glaubt, wird nicht denken: "Ich muss dieses Produkt verkaufen, weil ich Geld verdienen will. Stattdessen würde eine solche Person denken: "Ich muss bei der Herstellung dieses Produkts ehrlich sein und ihm eine gute Qualität geben, damit ich damit Geld verdienen kann.

Eine Person, die an das Gesetz der Anziehung glaubt, wird automatisch ehrlich, weil sie weiß, was es braucht, um an das Geld zu kommen. Sie glauben nicht an schnelle Lösungen, sondern an langfristige Lösungen.

Das sollte auch Ihre Art sein, über Geld nachzudenken - Denken Sie nicht darüber nach, wie Sie das Geld einbringen; denken Sie darüber nach, was Sie tun müssen, damit das Geld zu Ihnen kommt.

Die Manifestation des Reichtums durch das Gesetz der Anziehung

Die fünf Schritte, die notwendig sind, um Reichtum durch die Anwendung des Gesetzes zu manifestieren.

Hier sind die fünf Dinge, die Sie tun müssen, um den von Ihnen erwarteten Reichtum durch das Gesetz der Anziehung zu manifestieren.

Erstellen

Der erste Schritt besteht darin, den Gedanken des Reichtums in Ihrem Unterbewusstsein zu verwurzeln. Sie müssen fest daran glauben, dass Sie die große Menge an Reichtum, die Sie erwarten, erreichen können.

Visualisieren Sie

Es ist sehr wichtig, Reichtum wirklich sichtbar zu machen. Sie müssen daran denken, dass der Reichtum bereits auf Ihrem Bankkonto ist und was Sie jetzt damit tun werden. Fangen Sie an zu denken, als würden Sie planen, was Sie mit dem Geld machen wollen.

Sie haben es noch nicht, aber das ist nicht der Punkt. Das Gesetz der Anziehung besagt, dass man in seinem Glauben stark sein muss, und Visualisierung ist der beste Weg, dies zu erreichen.

Seien Sie dankbar

Wenn Sie in Ihrem Glauben noch einen Schritt weiter gehen, sollten Sie anfangen, dem Universum dafür zu danken, dass es Ihnen Reichtum gewährt. Nun, es hat Ihnen nicht bereits Reichtum beschert, aber Sie haben keinerlei Verleumdung darüber, dass dies geschehen ist. Sie sind verdammt sicher, dass Sie den Reichtum bekommen werden, und deshalb ist Dankbarkeit die nächste logische Sache.

Hören Sie auf Ihr Herz

Ihr Herz wird Ihnen jetzt viele Dinge sagen. Es wird Ihnen sagen, dass Sie bestimmte Dinge tun sollen. Unterdrücken Sie keine dieser "Stimmen". Hören Sie ihnen aufmerksam zu. Handeln Sie nach ihnen.

Sie müssen sicherstellen, dass Sie auf jede Stimme hören, denn jede einzelne von ihnen könnte die einzige Stimme sein, die Ihnen die Tür der Möglichkeiten öffnet.

Fahren Sie mit Ihren Aktionen fort

Niemals aufgeben, niemals aufgeben. Denken Sie daran, dass das Anhalten ein Zeichen von Schwäche ist. Sie wollen nicht, dass das Universum versteht, dass Ihr Glaube ins Wanken gerät. Sie wollen, dass es weiß, dass Sie auf jeden Fall mithalten werden. Früher oder später wird Ihr höchstes Vertrauen Wohlstand an Ihre Tür bringen.

Ist ein armer Mann, der positiv über Geld denkt, reich?

Ist es nur der Gedanke, der zählt? Wenn Bettler an Pferde denken, können sie reiten?

Dies ist eine Frage, die die meisten Menschen stört, insbesondere diejenigen, die zum ersten Mal vom Gesetz der Anziehung hören. Schließlich, so denken sie, spricht das Gesetz der Anziehung über die Ergebnisse der von ihnen hervorgerufenen Gedanken. Wenn sie also stark über etwas nachdenken würden, sollten sie das nicht erkennen? Mit anderen Worten: Wenn jemand kein Auto hat und darüber nachdenkt, dann sollte es doch der Besitzer des Autos sein, oder?

Das klingt zwar sehr romantisch, aber das Problem ist, dass das Gesetz der Anziehung so nicht funktioniert. Es geht nicht darum, über das Erhalten nachzudenken. Hier gibt es viele Schichten darunter. Erstens bringen Leute, die das Gesetz der Anziehung auf diese Weise denken, eine sehr wichtige Sache nicht in die Gleichung ein - die Betonung der Anstrengung. Man bekommt nicht viel, wenn man seine Gedanken nicht in die Tat umsetzt.

Lassen Sie uns das an einem Beispiel besser verstehen. Angenommen, Sie haben den Ehrgeiz, ein Restaurant zu eröffnen. Im Moment ist es nur Ihr Ehrgeiz. Ja, Sie denken es so sehr, dass Sie es beweisen können, aber das ist alles. Wird es dann Ihr Restaurant sein?

Die Antwort liegt auf der Hand: Nein. Beim Gesetz der Anziehung geht es nicht darum, mit einer Tüte Popcorn herumzusitzen, sich netflix anzusehen und darauf zu warten, dass sich Ihre inneren Wünsche manifestieren. Sie müssen den Gedanken aus Ihrem System herauskommen lassen. Man muss es herauslassen und in die Tat umsetzen.

Wenn Sie stark über etwas nachdenken, wird es eine innere Stimme geben, die Ihnen sagt, dass Sie auf eine bestimmte Art und Weise handeln sollen. Wenn Sie darüber nachdenken, ein Restaurant zu eröffnen, wird Ihnen eine kleine Stimme in Ihrem Inneren sagen, dass Sie anfangen sollten, nach guten Plätzen zu suchen. Die Stimme wird Ihnen sagen, dass Sie die Kunst des Hotelmanagements erlernen sollten.

Die Stimme wird Ihnen auch sagen, dass Sie anfangen sollen, Gelder zu sammeln. Es gibt so viele Dinge, die von dieser noch kleinen Stimme gesagt werden. Das Wichtigste ist, dass Sie ihm zuhören. Und man muss danach handeln.

GELDMAGNET GESETZ DER ANZIEHUNG

Erst wenn Sie anfangen, diese Gedanken in Taten umzusetzen, werden Sie in der Lage sein, etwas dagegen zu unternehmen.

Ein Bettler, der nur an ein Pferd denkt, wird also bald nichts mehr tun können.

Wenn er jedoch darüber nachdenkt, wie er das Pferd bekommen und mit der Umsetzung dieser Ideen beginnen sollte, wird er höchstwahrscheinlich bald an der Spitze stehen.

Was ist mit Lotterien und Glücksfällen?

Was sagt das Gesetz der Anziehungskraft über Lotterien und alle anderen Arten von Vermögen über Nacht aus?

Eine sehr häufige Frage der meisten Menschen ist, ob sie Lotterien gewinnen und andere Arten von Glück haben können, indem sie einfach einen starken Glauben an sie haben, so wie es das Gesetz der Anziehung von ihnen verlangt. Sie denken sehr stark ans Gewinnen und warum sollten sie deshalb nicht gewinnen? Sie denken sogar ständig daran zu gewinnen, sie kaufen dutzendweise Lose, also sollten sie die Gewinner sein, nicht wahr?

Das Problem ist, dass diese Leute die richtige Prämisse haben, aber sie setzen sie nicht in der richtigen Weise um. Was ist also der richtige Weg? Kann man das Gesetz der Anziehung nutzen, um eine Lotterie zu gewinnen?

Nun, dazu muss man zunächst einmal richtig denken. Man sollte nicht erwarten, dass ein Zauber ins Spiel kommt, wenn man Goldmünzen vor die Tür bringt. Das wird nicht passieren. Aber Sie können die Dinge so ausrichten, dass sie auf Ihre Weise funktionieren. Denken Sie positiv über einen Sieg nach. Wenn Sie das tun, geschehen die Dinge automatisch auf eine Weise, die für Sie vorteilhaft ist. Wahrscheinlich werden Sie nicht über Nacht Millionär, aber vielleicht helfen Ihnen Ihre starken Überzeugungen dabei, kleine Beträge zu verdienen und damit zufrieden zu sein.

Aber es gibt Wege, wie man hier gegen das Gesetz der Anziehung vorgehen kann. Wenn

Sie zu lange warten, ist es falsch. Das Gesetz der Anziehung sagt Ihnen, dass Sie einen starken Glauben haben müssen, aber es sagt Ihnen nicht, dass Sie ein bestimmtes Ergebnis erwarten dürfen. Stellen Sie sich einfach vor, was passieren würde, wenn Sie eine bestimmte Summe gewinnen würden, aber zwingen Sie das Universum nicht, Ihnen diese Summe zu gewähren. Wenn Sie anfangen, launisch zu werden, wenn Sie nicht die Art von Einkommen erzielen, von dem Sie glauben, dass Sie es verdienen sollten, machen Sie all Ihre positiven Überzeugungen zunichte. Launenhaftigkeit ist ein Zeichen von Unglauben und damit ein Zeichen von Schwäche.

Menschen, die in Lotterien gewinnen, denken irgendwie, dass sie es verdienen zu gewinnen. Wenn Sie sie fragen würden, würden sie sagen, dass sie sich den Lottogewinn irgendwann in ihrem Leben visualisiert und so lebhaft vorgestellt haben, dass sie ihn als real empfanden.

Versuchen Sie das. Stellen Sie sich das vor. Visualisieren Sie Ihr Ergebnis. Übertreiben Sie es nicht. Erwarten Sie nicht zu viel.

Die Dinge werden beginnen, sich auf Ihrem Weg zu arrangieren. Aber seien Sie bereit, ohne Groll zu akzeptieren, was auch immer auf Sie zukommt. Es wird besser sein als das, was Sie haben, wenn Sie an das Richtige glauben.

Übersetzt mit www.DeepL.com/Translator (kostenlose Version)

Gleichgewicht zwischen dem internen "Ich" und dem externen "Ich"

Wenn Sie wirklich dem Gesetz der Anziehung folgen, müssen Sie daran arbeiten, die richtige Balance zwischen Ihrem inneren und äußeren Selbst zu finden.

Eine der wichtigsten Anwendungen des Gesetzes der Anziehung ist das Gleichgewicht zwischen unserem inneren und äußeren Selbst. Unser inneres Selbst ist unser Bewusstsein.

Es ist die Art und Weise, wie wir denken und uns verhalten. Hier beginnt das Gesetz der Anziehung zu wirken. Das Gesetz der

Anziehung beginnt sich zu manifestieren, wenn wir denken, und das beginnt in uns. Unser äußeres Wesen wird durch unser Handeln geprägt. Die Art und Weise, wie wir handeln und unsere Denkprozesse umsetzen, ist die Funktionsweise unseres äußeren Selbst.

Wenn wir das Gesetz der Anziehungskraft in unserem Leben optimal nutzen wollen, dann müssen wir unbedingt lernen, ein Gleichgewicht zwischen unserem inneren und äußeren Selbst herzustellen. Es ist von entscheidender Bedeutung, dass wir das, was wir denken, in die Praxis umsetzen. Was als eine Manifestation des Denkens beginnt, muss in die Tat umgesetzt werden.

Wenn Sie nur darüber nachdenken und sich hinsetzen und darüber nachdenken würden, ein neues Haus zu bekommen, wird das nicht geschehen. Ja, wenn Ihre Gedanken stark sind, wenn Ihr Glaube stark ist, wird das Universum beginnen, sich auszurichten, um die Dinge geschehen zu lassen. Aber im Moment sind Sie derjenige, der handeln muss. Wenn Sie keinen Finger rühren, werden Dinge nicht geschehen.

Jetzt müssen Sie Ihr äußeres Selbst in die Tat umsetzen. Dann beginnen die positiven Energien, die geschaffen wurden, Gestalt anzunehmen, und die Dinge beginnen zu geschehen.

Das Problem der meisten von uns besteht darin, dass wir unser inneres Selbst zum Denken und Glauben benutzen. Wir sagen so oft, dass wir etwas Bestimmtes tun wollen, aber nur wenige von uns setzen ihr Äußeres tatsächlich in die Tat um.

Das Gesetz der Anziehung wird die Dinge zum Laufen bringen. Aber sie wird die Dinge nur in einer bestimmten Weise ausrichten.

Der Rest liegt bei Ihnen. Es wird Ihnen das Selbstvertrauen geben, bestimmte Dinge zu tun, und das ist es, was die Menschen um Sie herum beeinflussen wird, und die Dinge werden Ihnen positiv widerfahren, aber die Hauptsache dafür ist, dass Sie die Initiative ergreifen und handeln müssen.

 GELDMAGNET GESETZ DER ANZIEHUNG

Warum wird nicht jeder, der das Gesetz der Anziehung anwendet, reich?

Viele Menschen könnten über das Gesetz der Anziehung nachdenken. Aber nur wenige von ihnen beginnen wirklich, die Erfolgsleiter zu erklimmen und werden tatsächlich reich.

Warum werden nicht alle, die das Gesetz der Anziehung anwenden, reich?

Wenn Sie es bis jetzt verfolgt haben, werden Sie zwei Dinge bemerkt haben:

GELDMAGNET GESETZ DER ANZIEHUNG

Das Gesetz der Anziehung ist eine eindeutige Realität; jeder praktiziert es.

Viele Menschen nutzen es jedoch nicht auf die richtige Weise.

Man kann die Macht des Gesetzes der Anziehung nicht widerlegen, die Energien des Universums so zu kanalisieren, dass sich die Dinge günstig entwickeln können.

Aber das Problem ist, dass das Gesetz der Anziehung diese Dinge nur kanalisieren wird.

Wenn wir die Energien nicht nutzen, um das zu erreichen, wonach wir uns sehnen, wird alles ein hoffnungsloser Fall sein.

Wenn Sie zum Beispiel nur daran denken, reich zu werden, aber nichts aktiv dagegen unternehmen, werden Sie auf keinen Fall reich werden. Tatsächlich muss man sich, selbst wenn man in einer Lotterie gewinnt, die Mühe machen, die Lotterie zu kaufen und den Gewinn zu verfolgen.

Die Schlussfolgerung ist klar - das Gesetz der Anziehung funktioniert, aber nur, wenn man es in die Praxis umsetzt. Hier sind die Dinge, die Sie der Reihe nach erledigen müssen:-

Sie müssen fest daran glauben, dass etwas Besonderes geschehen wird. Ihr Glaube muss stark und unerschütterlich sein, so unerschütterlich, dass nichts Ihren Glauben in irgendeiner Weise verzerren darf.

Dann muss man sich diese Sache so vorstellen, als ob sie einem wirklich passiert ist und dass man ihre Früchte genießt.

Der nächste Schritt wird sein, auf Ihre innere Stimme einzugehen. Sie werden Ihre innere Stimme viel hören, wenn Sie fest an etwas glauben. Wenn Sie in diesem Sinne handeln, werden Sie der Verwirklichung Ihrer Ziele näher kommen.

Wenn Sie also planen, durch das Gesetz der Anziehung reich zu werden, ist es für Sie wichtig, zu glauben und dann zu handeln. Ohne einen von beiden wird nichts an Ihren Platz passen.

Fazit

Das Gesetz der Anziehung kann Sie reich machen. Sie haben es sicher schon oft gehört. Jetzt wissen Sie, was es braucht, um dorthin zu gelangen.

Besuchen Sie unsere Website! Holen Sie sich weitere Bücher von MENTES LIBRES!

https://www.amazon.de/MENTES-LIBRES/e/B08274DDV4?ref_=dbs_p_ebk_r00_abau_000000

Wenn Sie möchten, können Sie Ihren Kommentar zu diesem Buch hinterlassen, indem Sie auf den folgenden Link klicken, damit wir uns weiter entwickeln können! Vielen Dank für Ihren Kauf!

https://www.amazon.de/dp/B0893J2W6P

www.ingramcontent.com/pod-product-compliance
Lightning Source LLC
Chambersburg PA
CBHW071124240526
45465CB00023B/811